Keine Zeit für Langeweile

Ideen zum Malen, Basteln & Spielen mit Kindern

Sandra Zeh

Inhaltsverzeichnis

Keine Zeit für Langeweile

Dieses Buch ist mit meinen Kindern und ihren Freunden entstanden. Zusammen haben wir dabei entdeckt, wie viel Spaß es macht, mit Stift, Pinsel und Farben immer wieder neue Dinge aufs Papier zu zaubern. Es sind schließlich acht Kapitel mit Bildmotiven und dekorativen Bastelarbeiten geworden, die zum Nacharbeiten anregen oder auch zu eigenen Ideen inspirieren sollen.

Meine Bildvorlagen entnehme ich den Dingen um mich herum. Doch durch die Leuchtkraft der Aquarellfarben und -stifte entfalten sie eine ganz neue Wirkung. Dabei bietet gerade das Einfache der Motive den Kindern viel Spielraum, um Farben zu erproben oder zu kombinieren und mit Mustern und Strukturen zu experimentieren. Es ist spannend zu sehen, wie sie dasselbe Grundmotiv immer wieder neu variieren. Denn während des Malens sind die Kinder meist ausgesprochen einfallsreich und es macht ihnen Freude, ihre schöpferischen Kräfte zu entdecken.

In diesem Buch finden Sie auch eine Auswahl an unkomplizierten Bastelarbeiten: Schritt für Schritt wird der Arbeitsweg bis zum fertigen Objekt erklärt und in Fotos dargestellt. Im Handumdrehen entstehen so aus den bunten Aquarellbildern individuelle Geschenke oder kleine Kunstwerke, mit denen Sie und Ihre Kinder die Wände schmücken können.

Nun wünsche ich Ihnen viel Freude beim Durchblättern des Buches sowie viel Spaß und gutes Gelingen für Ihre eigenen Mal- und Bastelarbeiten.

Ihre

Alles, was du brauchst

Hier findest du die wichtigsten Materialien und Werkzeuge, die du für die Bilder und Bastelarbeiten in diesem Buch benötigst.

Bleistift

Zum Vorzeichnen nimmst du am besten einen weichen Bleistift (Härte HB oder B), denn die Striche lassen sich gut ausradieren.

Skizzenblock

Das Zeichenpapier sollte eine Stärke von 120 g/m² haben, damit es sich beim Malen mit Aquarellfarben nicht wellt. Alternativ kann man auch Aquarellpapier verwenden.

Schere

Mit der Schere kann das Papier für die Bastelarbeiten in Form geschnitten werden.

Aquarellfarben

Zum Ausmalen der Motive kannst du Aquarellfarben oder Wasserfarben benutzen. Aquarellfarben sind zwar teurer, besitzen aber auch mehr Leuchtkraft.

Laminiergerät

Diese Geräte für das Format A4 sind auch schon zu günstigen Preisen erhältlich. Ansonsten kann man auch im Copyshop laminieren lassen.

Wasserfester Filzstift, Tuschestift oder Tusche und Feder

Nur wer schon geübt ist, legt gleich los und zeichnet die Umrisse der Motive mit Stift oder Feder.

Pinsel und Wasserglas

Solche Rundpinsel mit Synthetikhaar gibt es in unterschiedlichen Stärken. Gute Qualität kostet ein wenig mehr, zahlt sich aber aus.

Aquarellstifte

Mit den Aquarellstiften geht das Ausmalen besonders leicht. Um den leuchtenden Aquarelleffekt zu erzielen, löst du die aufgetragene Farbe mit wenig Wasser und einem Pinsel an.

Wie man mit Aquarellfarben malt

1 Skizziere das Motiv, das du malen willst, mit einem weichen Bleistift auf Papier vor.

2 Ziehe nun die Konturen mit einem wasserfesten Stift oder mit Tusche und einer Feder nach. Wenn du schon etwas Übung hast, kannst du die Konturen damit auch direkt aufzeichnen.

3 Jetzt malst du das Motiv mit Aquarellfarben aus. Wenn du weniger Wasser benutzt, wird der Farbton dunkler, bei mehr Wasser wird er heller. Nimmst du zu viel Wasser, verläuft die Farbe zu stark.

Tipps:

- Statt Aquarellfarben kannst du auch einfache Wasserfarben verwenden. Bei den Bildern in diesem Buch habe ich Aquarellfarben verwendet, weil sie eine bessere Leuchtkraft haben.
- Wer noch unsicher ist beim Vorzeichnen, paust die Schwarz-Weiß-Vorlagen im Buch auf Transparent- oder Butterbrotpapier ab, kopiert sie oder druckt sie von der beigefügten CD aus.

Wie man mit Aquarellstiften malt

1 Skizziere zuerst die Umrisse deines Motivs mit einem weichen Bleistift auf Papier vor.

2 Anschließend ziehst du die Linien noch mit einem wasserfesten Stift oder mit Tusche und einer Feder nach, damit die Konturen schön kräftig werden. Du kannst aber auch einfach nur die Bleistift-Vorzeichnung stehen lassen, dann wirkt dein Motiv etwas zarter und leichter.

3 Male nun dein Motiv mit den Aquarellstiften aus. Dann tauchst du einen Pinsel kurz in Wasser und streichst damit über die aufgetragene Farbe – und schon hast du einen schönen leuchtenden Aquarelleffekt! Nimm aber nicht zu viel Wasser, sonst verläuft die Farbe zu stark. Jetzt sieht es fast so aus, als hättest du Aquarellfarben benutzt.

Tipps:

- Wasche den Pinsel nach jedem Farbwechsel aus, damit du keine schmutzigen Mischungen erhältst.
- Tauche die Aquarellstifte nicht wie einen Pinsel in Wasser, bevor du malst, das funktioniert nicht.

GETRÄNKEKARTE
Tomatensaft 2,50€
Grapefruitsaft 2,-€
Orangensaft
Traubensaft
Mondeluz
KOH-I-NOOR HARDTMUTH
HORADAM
15 ml

Becher & Tassen

Eine Tasse mit heißer Schokolade lässt so manchen dahinschmelzen. Oder darf es lieber ein erfrischendes Getränk sein? Ob Tee, Kakao, Saft, Schorle oder Limo – aus einem schönen Becher schmecken die Getränke doppelt so gut!

Wie dieses Buch entstand ...

Meine Tochter wurde krank, Diagnose Nierenbeckenentzündung. Wir mussten ins Krankenhaus.
Aus Langeweile und mit dem Hintergedanken, dass meine Tochter dann mehr Spaß beim Trinken hat, kam ich auf die Idee, ihr Becher vorzuzeichnen, die sie bunt ausmalen durfte. Als der Stationsarzt ihre farbige Becher-Sammlung auf dem Papier sah, fand er die Idee so gut, dass er mich bat, solche Vorlagen auch für die anderen kleinen Patienten auf der Station zu zeichnen. So entwickelte sich die Idee für dieses Buch.

Hoch die Tassen!

1001 Tassen und Becher malen – das ist gar nicht schwer und macht viel Spaß. Wenn du sie noch mit besonderen Mustern und Details verzierst, wird aus jeder Tasse und jedem Becher ein tolles Sammlerstück. Einige interessante Beispiele findest du auf den nächsten Seiten. Hinterher kannst du die schönsten Entwürfe rahmen und aufhängen. Oder du gestaltest Getränkekarten für deine Geburtstagsfeier oder für den nächsten Kaffeeklatsch mit Freundinnen.

Cafe Au Lait
KAKAO
FRÜCHTE TEE
Milch
FAN
HOHES H_2O
MIX
WASSER
STILLES
WASSER
MILCH
CAFÉ
H_2O
LATTE

CHOCOLATE
Schoko
O v O
PRESSO
WASSER
CAPUCCIN
Coffee
CAPUCCINO
LATTE M
Espresso
TEE....
Cafe au
LIMO
Sprudel
Caffee
PUNI
schorle

Denk' beim Ausmalen einfach an all die leckeren Getränke, die du aus Tassen oder Bechern trinken kannst. Oder an jemanden, dem du eine Tasse schenken möchtest. Nimm unterschiedliche Farben, zeichne Verzierungen und Muster auf. Auch Schrift kann sehr dekorativ wirken. Du wirst sehen, dir fällt bestimmt viel ein!

Früchte-tee
Tea
TEE
MILCH
LADE
Eiskaffee
FRAPPE
WASSER
LATTE
LIMO
Saft
REZI
OvO
Sprudel
KAKAO
Coffee
TEE
TEA
Schoko
TEE
Café Brûlot
ZITRO
KRÄUTER

Getränkekarten selbst herstellen

Für die Getränkekarten benötigst du noch eine Schere und ein Laminiergerät mit A4-Folien.

1 Zeichne links das Getränk auf das Papier, schreibe rechts daneben den Namen und den Preis, fertig!

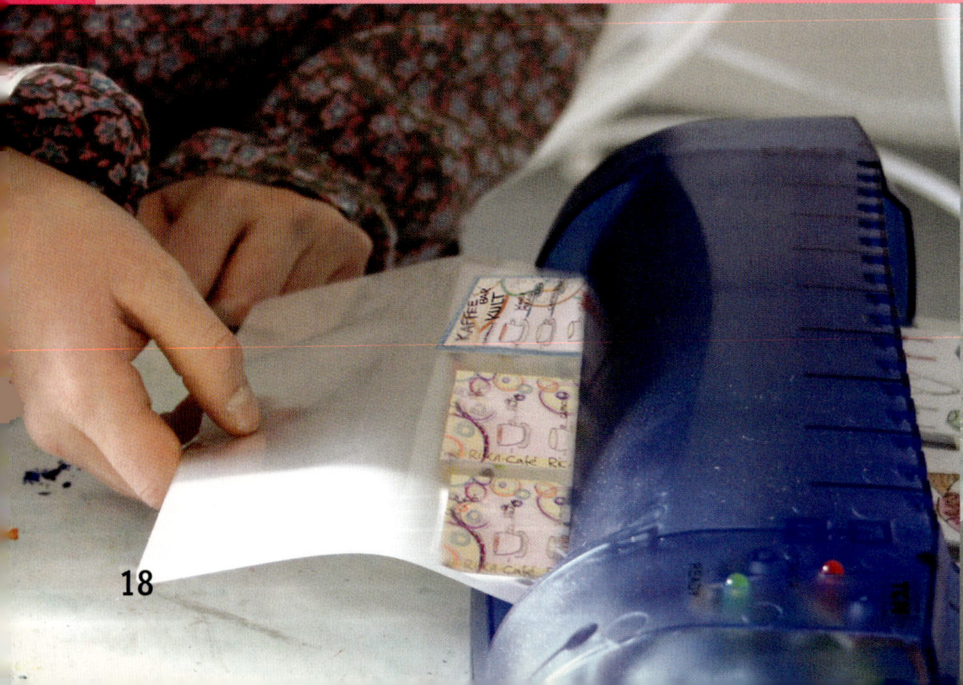

2 Damit die Karten beim Spielen nicht kaputtgehen oder verschmutzen, werden sie zum Schutz laminiert. Wenn du wissen willst, wie das geht, dann sieh auf Seite 126/127 nach. Auf der nächsten Seite kannst du ein paar fertige Ergebnisse bewundern.

Tipp: Natürlich kannst du mit den Bechern und Tassen, die du entworfen hast, auch andere Dinge verzieren wie Schachteln und Geschirr. Je nach Untergrund, auf den du malst, brauchst du eventuell Spezialstifte (z.B. Porzellanmalstift für Geschirr).

Schöne bunte Getränkekarten

Auch Getränkekarten lassen
sich im Handumdrehen gestalten.
Hier nur ein paar Ideen:

Schülercafé
Saftbar
Weihnachtsmarktstand
Teebar
Karten für Geburtstagsfeste

Sicher fällt dir noch mehr ein, wo die
Karten zum Einsatz kommen können!

Tee stube
Früchtetee
1,10€
Zitronentee
1,10€
Hagebuttentee
1,10€
Kamillentee
1,10€
Schokomuffin
2,–€
Brownies
2,–€
Käsekuchen
2,–€
kl. Apfelkuchen
1,–€
Milchbarkarte
OVO
Heiße OVO
2,–€
Tasse Milchschaum
2,–€
Kakao
Heiße Schokolade
2,–€
Kinder PUNSCH
Kinder Punsch
1,50€
Früchte Tee
1,50€

Willkommen im Café

Große Einladung für deine Freundinnen.
Ihr gestaltet gemeinsam die Karten für
Kuchen und Getränke für euer eigenes Café.
Dann feiert ihr die Eröffnung mit süßen
Köstlichkeiten und leckeren Getränken.
Viel Spaß!

GETRÄNKE
Vita-BAR
Apfelsaft 2,- €
Orangensaft 2,00 €
Traubensaft 2,- €

HIMBEERSAFT 1,80€
MANGOSAFT
Tomaten
1,80€
Sternfruchtsaft 2,20€
PFIRSICH SAFT
1,70€
SAFT
BAR
GETRÄNKEKARTE
Willkommen in unserer Saftbar!

Zweimal Himbeersaft, bitte!

Diese super Saftbar-Getränkekarte, die aus mehreren Seiten besteht, ist so lebhaft und bunt, dass man sie am liebsten gleich in die Hand nehmen möchte. Das Geheimnis: Die prallen Farben haben wir uns vom frischen Obst und Gemüse auf dem Markt abgeguckt. Mit liebevoll gemalten Details und durch mutiges Ausprobieren sind die Bilder für jede Seite entstanden: kleine hüpfende Himbeeren, dicke Mangos, kugelrunde Tomaten, eckige Sternfrüchte – sieh genau hin, wie unterschiedlich die Formen der Früchte sind.

Tipp: Wem die Spiralbindung zu aufwendig ist, der nimmt einen Locher und bindet dann die Seiten mit einer bunten Schnur zusammen.

Auszeit für die Mädchenbande

Was immer du auch vorhast – mit Freundinnen macht es einfach mehr Spaß.

orange

KIRSCHE
ZITRONE TEE

da Vinci
FIT FOR SCHOOL
AND HOBBY
373

Blumen

Wie in einem Zaubergarten erblühen Blumen auf dem Papier. Bunte Blüten sind eines der schönsten Deko-Motive, denn sie verwandeln jeden Gegenstand in etwas Besonderes. Und das Beste: Diese Blumen welken nie.

Ein Häuschen aus Rosen,
von Nelken die Tür,
der Riegel von Veilchen,
so wünsch' ich es dir.

Poesiealbumspruch

Blumen wie von Zauberhand

So viele Blumen! Wenn du eine neben die andere malst, entsteht sogar ein ganzes Blütenmeer. Ob Ton in Ton gehalten wie auf dieser Seite oder ganz bunt wie die Sommerwiese auf Seite 34/35. Damit kannst du viele Dinge schön verzieren: Einladungs- und Glückwunschkarten, Lesezeichen, Passepartouts für Fotos und vieles andere mehr.

Sieh einmal genau hin: Die Umrisse bei den Blumen sind alle nur ganz dünn mit Bleistift gezeichnet. So wirken die Blüten viel leichter und luftiger. Du kannst alle Farben nehmen und kombinieren, die dir einfallen. Sehr hübsch sehen auf einer Sommerwiese auch kleine Blumengruppen aus.

Kartenpracht selbst gemacht

Gar nicht langweilig sind blumige Glückwunschkarten und Einladungen für alle Gelegenheiten.

Gestalte deine eigenen Glückwunschkarten oder Einladungen mit dieser bunten Blütenpracht. Das Motiv lässt sich dabei in der Größe und Anordnung immer neu variieren.
Experimentiere auch mit unterschiedlichen Farbkombinationen. Die abgebildeten Karten sollen dich zu eigenen kleinen Kunstwerken inspirieren. Auf den nächsten Seiten findest du noch mehr Design-Ideen für viele blumige Muster.

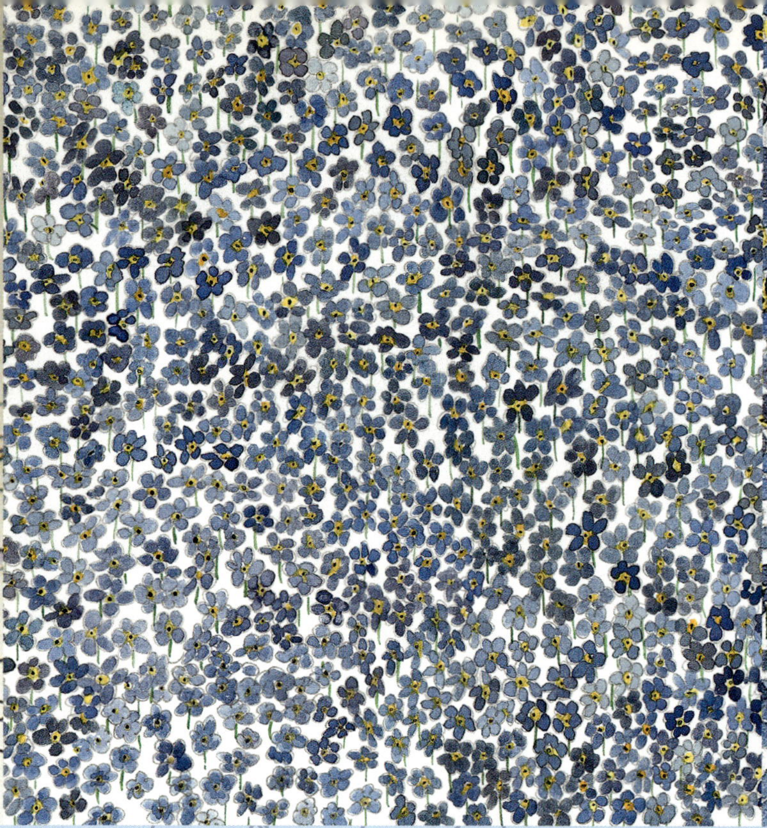

Tipp: Die gleiche Blume erscheint in verschiedenen Farben und Größen immer wieder anders.

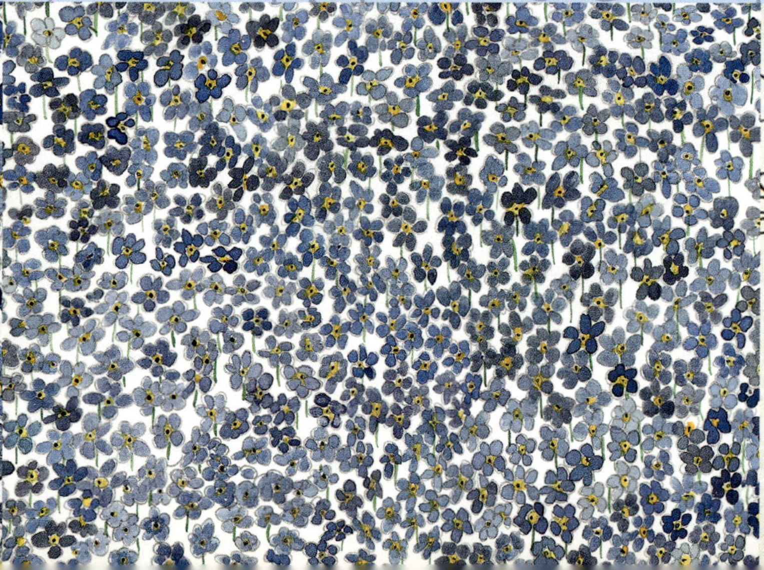

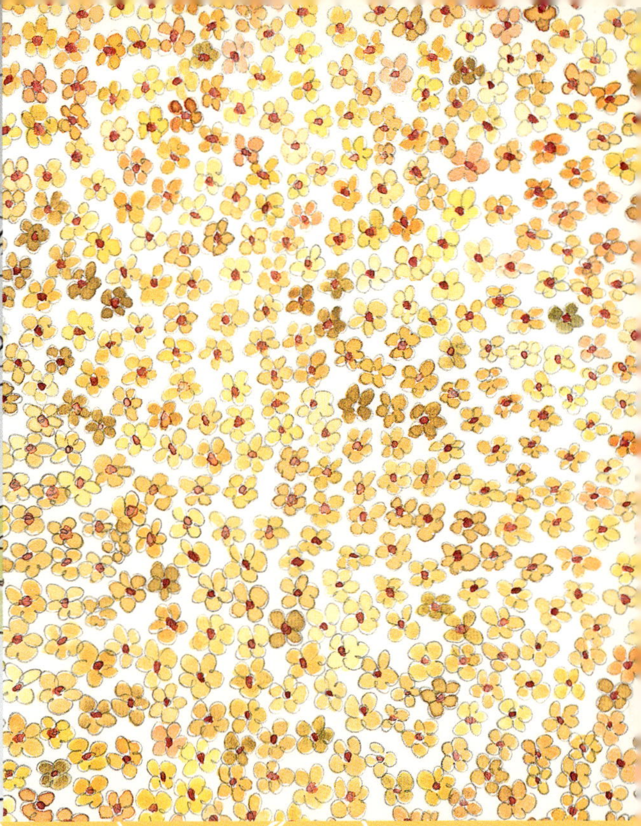
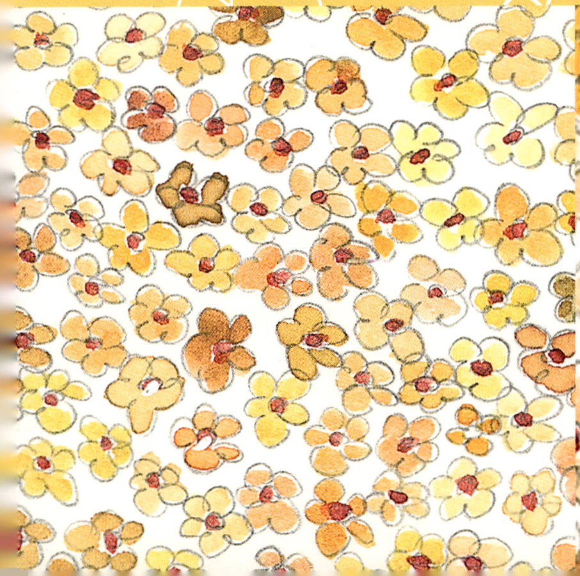
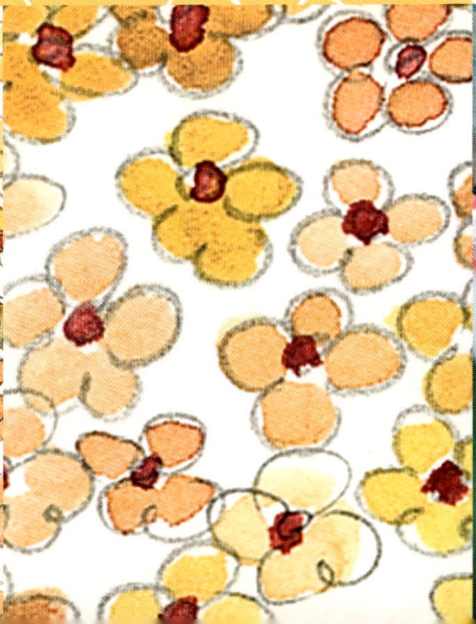

Tipp: Besonders wenn Blumen dicht an dicht auf dem Papier stehen, sehen sie ohne schwarze Konturen hübscher aus. Probiere einfach aus, was dir gefällt.

Märchenhaft schön

Die Bilderrahmen mit romantischen Blüten machen aus jedem Kinderfoto einen fröhlichen Hingucker.

Wähle einen ausreichend großen Bilderrahmen für dein Lieblingsfoto. Klebe es dann mittig auf ein gemaltes Blumenbild, das genau in den Rahmen passt. Jetzt hast du ein wunderschönes Passepartout für dein Foto. Lege es schließlich in den Rahmen – fertig!

Lesezeichen mit Blumenmuster

Für Freunde ist ein selbst gemachtes Lesezeichen immer ein tolles Geschenk.
Wie du Lesezeichen Schritt für Schritt herstellst, laminierst und verzierst, steht auf Seite 126 und 127.

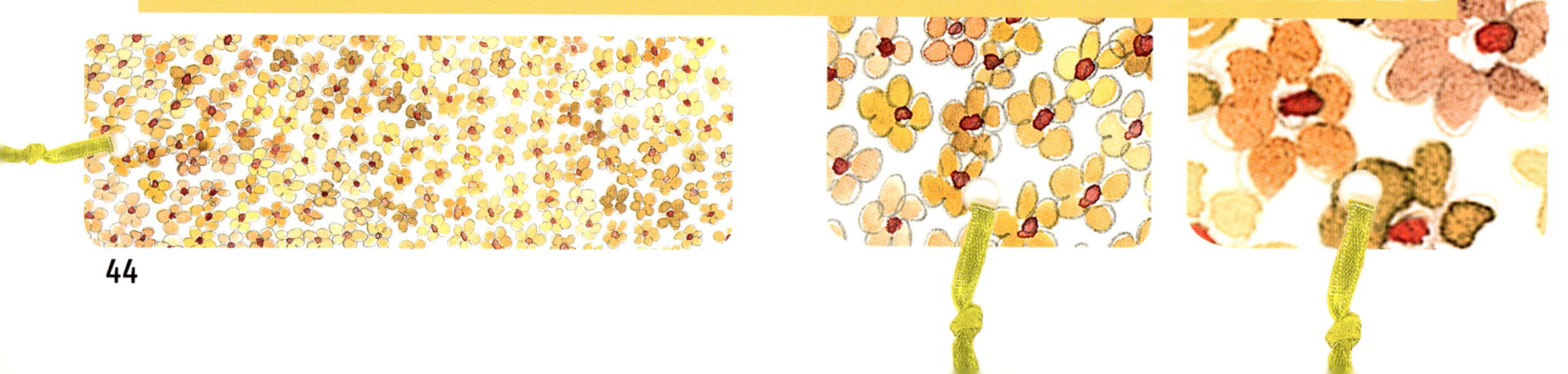

Kleider

Die neue Sommerkollektion ist eingetroffen! Bei den farbenfrohen Kleidchen kommen alle Mädchen und Frauen ins Schwärmen. Originell verziert bekommen diese Modelle zusätzlichen Pfiff.

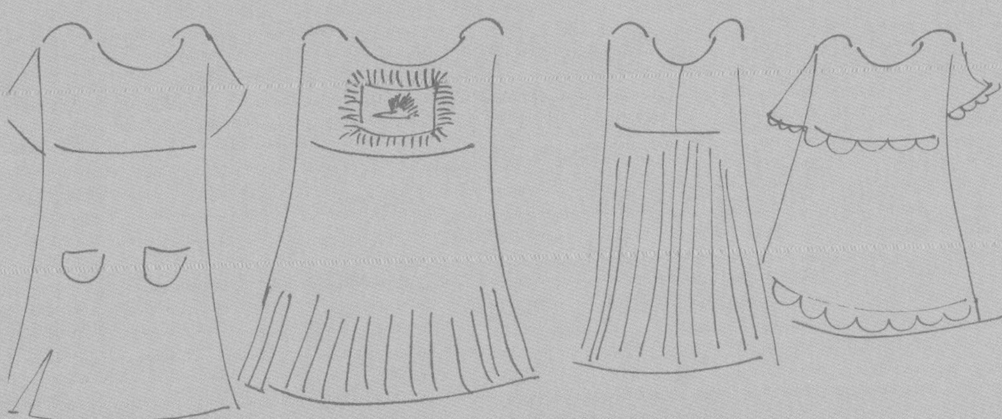

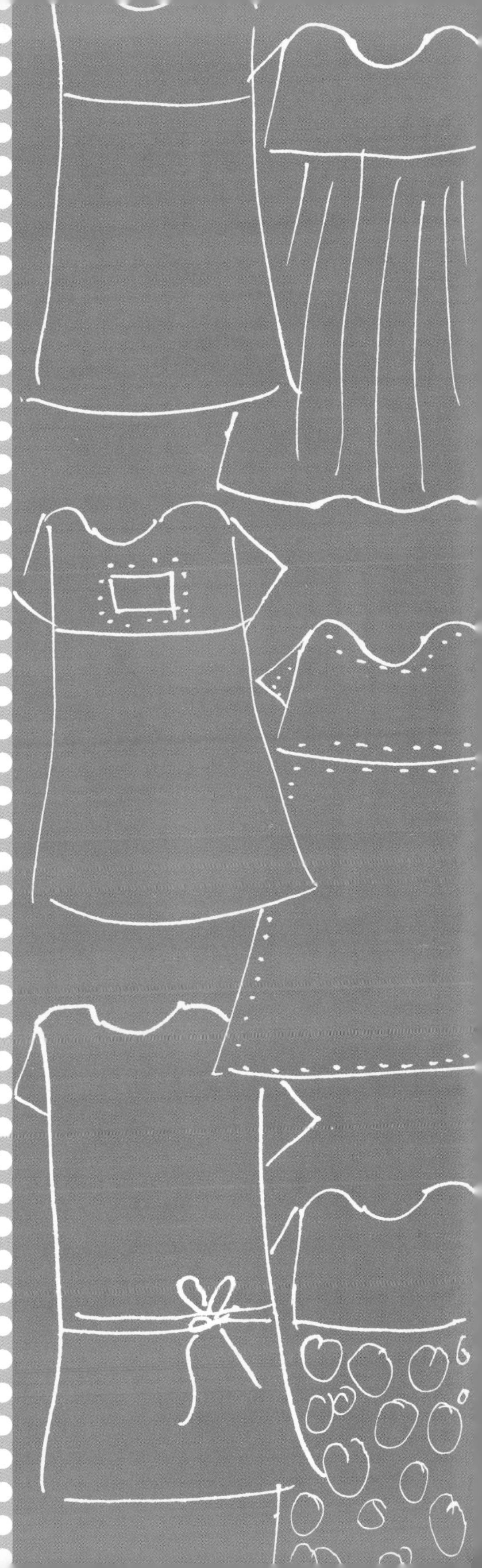

Kleider – schwungvoll bis ins Detail

Die eigene Kleider-Kollektion – das gefällt jungen Designern und Modeschöpferinnen! Viele gute Ideen und Anregungen für Schnitte, Muster und Farbkombinationen findest du auf den nachfolgenden Seiten und in Modezeitschriften. Wenn du deine ausgemalten Entwürfe hinterher rahmst und aufhängst, sieht dein Zimmer aus wie ein Mode-Atelier. Du kannst sie aber auch ausschneiden und in einem selbst gebastelten Kleiderschrank präsentieren.

ZICKE

So frisch und farbenfroh könnte auch deine Sommer-Kollektion aussehen. Überlege beim Malen, wie du jedes Kleid zu einer besonderen Kreation machen kannst. Stimme die Farben aufeinander ab, zeichne feine Schleifen und Rüschen, kleine oder große Punkte und Kreise, zierliche Knopfleisten usw.

Schritt für Schritt

Kleiderschränke selbst basteln

Zum Basteln brauchst du nur eine Schere, einige Schachteln, feinen Draht für die Bügel, buntes Papier und Schaschlikspieße als Kleiderstangen.

1 Skizziere zuerst die Kleidchen in doppelter Ausfertigung mit einem weichen Bleistift auf das Zeichenpapier (Beispiele siehst du auf Seite 56).

2 Nun mit einem Tuschestift die Konturen und Verzierungen der Entwürfe nachzeichnen und mit Aquarellfarben ausmalen.

3 Danach die Modelle mit einer feinen Schere ausschneiden. Die passenden Kleiderbügel lassen sich leicht aus Draht biegen. Wie das geht siehst du auf Seite 57. Erst wenn die Kleider auf den Bügeln hängen, werden die zwei Kleiderhälften zusammengeklebt.

4 Flache Schachteln eignen sich als Schränke. Stecke einen Schaschlikspieß als Kleiderstange hinein, fertig! Wie du Kleiderbügel selbst machst, wird auf Seite 57 gezeigt.

Beim Ausschneiden bitte aufpassen!

An den Schultern muss das Kleid geschlossen bleiben.

Drahtbügel ganz leicht selbst machen

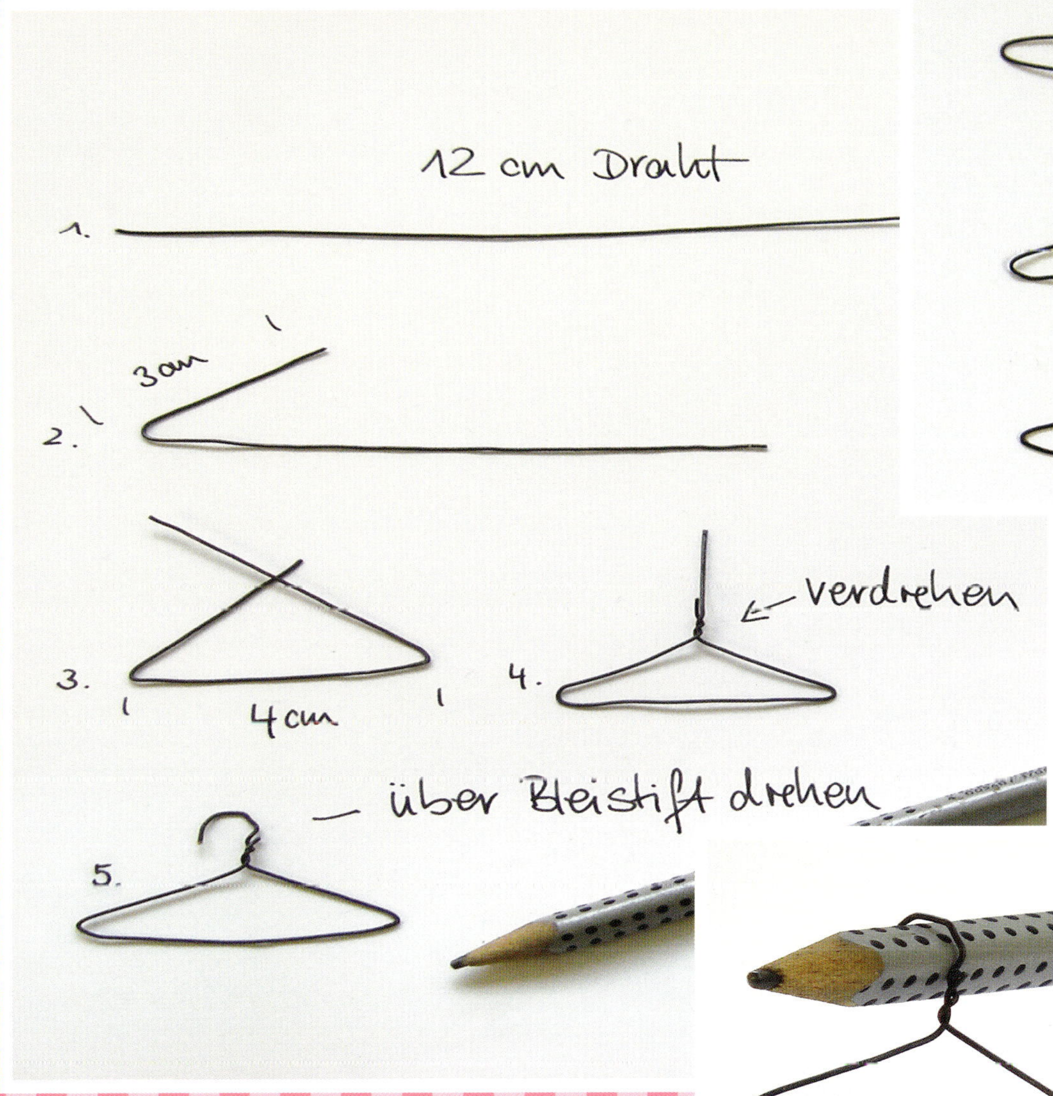

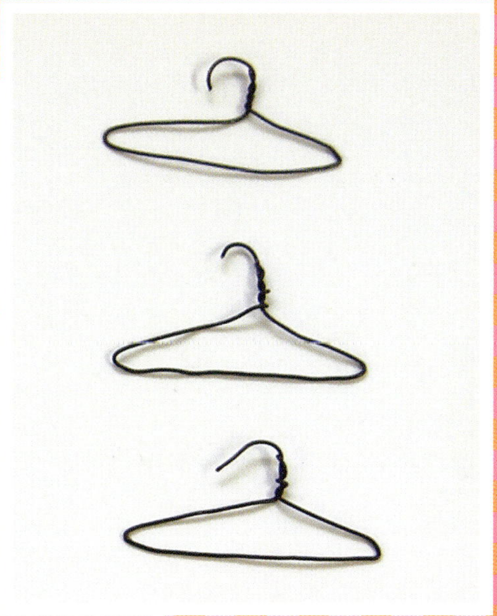

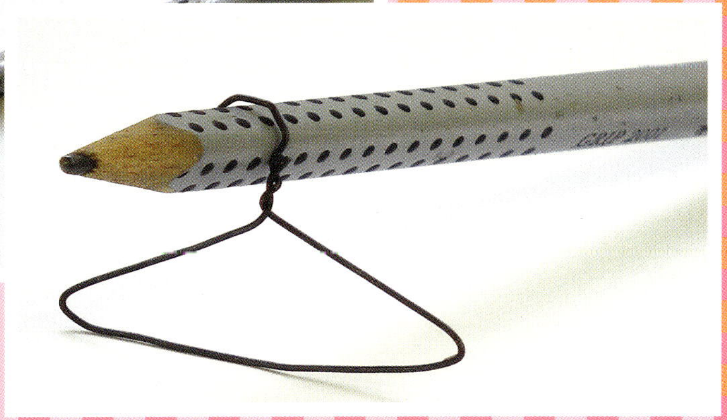

Der passende Rahmen

Volle Schränke mit traumhaft schönen Sammlerstücken. Hier darf auch ein bisschen Glamour nicht fehlen.

Tipp: Du kannst die Schachteln innen auch mit farbigem Papier bekleben.

SCHNITT-
MUSTER-
BOGEN
BOGEN A

Schmetterlinge

Luftige Wesen aus Licht und Farbe – die Transparenz der Aquarellfarben macht sie herrlich leicht und bringt sie zum Leuchten. Lass dich beim Malen von der enormen Farbenvielfalt heimischer und tropischer Tagfalter inspirieren.

„Wenn die allerersten Veilchen blühn,
schwebt ein gelbes Ding durch die Luft dahin,
wie eine Blume, so leuchtend und leicht:
ein Schmetterling."

Aus „Der Zitronenfalter" von Josef Guggenmos

Viele bunte Schmetterlinge

Schmetterlinge zu malen, ist schon eine kleine Herausforderung, denn hier spielt Symmetrie eine Rolle. Achte also darauf, dass die rechte Körperseite möglichst genauso aussieht wie die linke. Viele Anregungen für Schmetterlings-Motive findest du auf den nächsten Seiten. Deine schönsten Exemplare kannst du dann in einem Objektkasten präsentieren oder du bastelst damit eine bunte Papiergardine für dein Zimmer.

Noch bunter als Blumen sind Schmetterlinge. Die dekorativsten Exemplare entstehen, wenn du jedes einzelne mit verschiedenen Mustern wie Punkten, Kringeln und Kreisen verzierst. Denke dir beim Entwerfen die unterschiedlichsten Flügelformen aus. Besonders lebendig wirkt eine bunt gemischte Schar von kleinen und großen Schmetterlingen.

Schmetterlingskästen anfertigen

Für den Schmetterlingskasten brauchst du einen Objektrahmen, einen weißen Karton, der in den Rahmen passt, eine Schere und am besten Stecknadeln mit farbigen Köpfen.

1 Zeichne mehrere besonders eindrucksvolle Schmetterlinge und male sie in deinen Lieblingsfarben aus. Besonders schön und abwechslungsreich sieht es aus, wenn du für die Schmetterlinge verschieden Größen und Formen wählst.

2 Schneide nun die Schmetterlinge mit einer Schere aus und stecke sie mit einer Stecknadel auf

einen weißen Karton. Nimm dazu Stecknadeln, die farblich zu den Schmetterlingen passen.

3 Setze jetzt den Karton mit den aufgesteckten Schmetterlingen in den Objektrahmen – fertig! Nun musst du nur noch eine passende Stelle zum Aufhängen finden. So kann dann jeder deine Schmetterlings-Sammlung bewundern.

Tipp: Bevor du die Schmetterlinge mit Stecknadeln feststeckst, schaue erst, wie du sie am besten anordnest, damit sie zusammen ein schönes Gesamtbild ergeben.

Schillernde Schmetterlings-Parade

Nach Farben sortiert oder lieber bunt gemischt:
In einer Serie wirken die Schmetterlinge doppelt so schön.

Wer Schmetterlinge lachen hört,
der weiß, wie Wolken schmecken.

Novalis

Luftige Papiervorhänge

Für einen Vorhang brauchst du eine Schere, eine Vorhangstange, eine Rolle Transparentpapier, etwas Kleister, eine Tapezierbürste und ein Bügeleisen. Und am besten einen Tapeziertisch und die Hilfe eines Erwachsenen.

1 Zuerst malst du eine ausreichende Menge an Schmetterlingen in verschiedenen Farben und Größen und schneidest sie aus.

2 Miss dann die Länge des Vorhangs aus und schneide ein Stück Transparentpapier in der doppelten Länge ab.

3 Lege das Stück Papier auf den Tapeziertisch und streiche es dünn mit Kleister ein. Dabei in der Mitte

ein breites Stück freilassen, denn es wird später als Schlaufe über die Gardinenstange gelegt.

4 Die Schmetterlinge so auf der Hälfte des Papiers verteilen, dass sie gut wirken. Die zweite Hälfte des Transparentpapiers ebenfalls einkleistern, darauflegen und die Luft vorsichtig herausstreichen. Das geht am besten mit einer Tapezierbürste.

5 Hänge nun den Vorhang zum Trocknen auf. Es ist normal, dass er stark knittert.

6 Bügele den trockenen Vorhang bei geringster Temperatur glatt, lass dir dabei unbedingt von einem Erwachsenen helfen. Zum Schluss die Stange durch die Schlaufe stecken und den fertigen Schmetterlings-Vorhang aufhängen.

Tipp: Ganz witzig sieht es aus, wenn du neben den Schmetterlingen auch grüne Papierschnipsel, getrocknetes Gras oder Blüten in den Vorhang einarbeitest. Achtung: Verwende für die Schnipsel auf keinen Fall farbiges Krepppapier, da es in Verbindung mit dem Kleister verfärben würde.

Taschen

Ob trendig, in klassischem Schick oder
als praktischer Shopper für den Alltag:
Die Handtasche gilt als treue Begleiterin
aller kleinen und großen Damen.
Mit witzigen Details wird aus jeder Tasche
etwas ganz Besonderes.

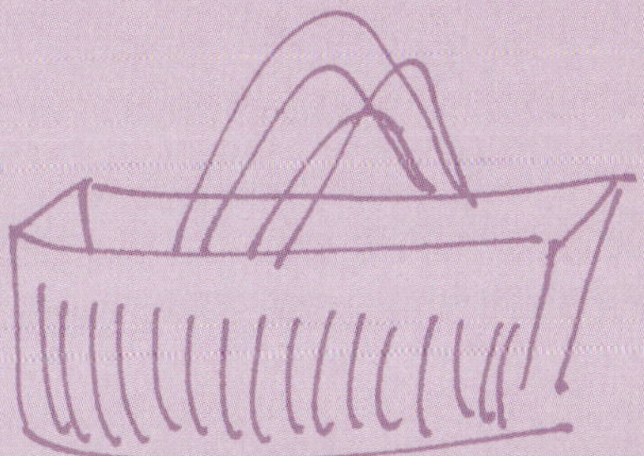

80 €
230 €

Taschenträume

Werde zum Designer und entwerfe deine Traumtaschen selber! Die schönsten Modelle entstehen, wenn du jedes noch mit aufgemalten Perlen, Bändern, Knöpfen, Mustern oder Motiven wie Blumen, Herzen oder Obst verzierst. Einige Beispiele findest du auf den nächsten Seiten. Anschließend kannst du für sie eine eigene Taschen-Boutique basteln oder du gestaltest ein schönes Lesezeichen für dich oder deine Freundin.

Flora green
89.90 €

Flora red
98.90 €

Flora blue
105,90 €

Flora pink
145,90 €

MARCHE

ECOLE
BÜRO
SAC

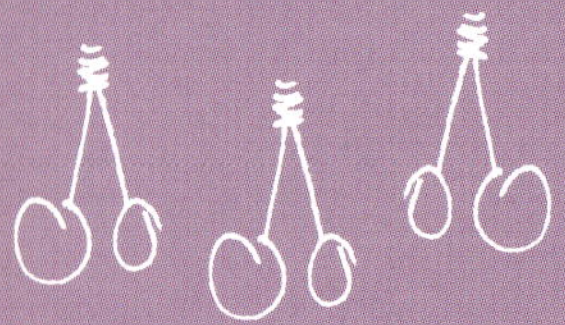

Taschen für jede Gelegenheit – welche junge Dame würde da nicht schwach werden! Strandtaschen, geräumige Einkaufstaschen, kleine Beutel, große Beutel, zierliche Ausgeh-Täschchen, Körbe, runde und eckige Taschen, Taschen in Herzform …

MARCHE

Schritt für Schritt

Dein eigener Taschenladen

Wenn du dir einen Taschen-Schaukasten basteln willst, brauchst du zusätzlich eine Nagelschere, Nähnadel und Faden, kleine Pappschächtelchen und Watte oder Seidenpapier.

1 Zuerst zeichnest du deine schönsten Taschen vor. Dann malst du sie an und schneidest sie mit einer Nagelschere aus.

2 Die kleinen Preisschildchen stellst du genauso her. Um sie an der Tasche zu befestigen, verwendest du einen dünnen Faden. Steche mit der Nadel in das Preisschild und ziehe den Faden durch. Anschließend

kannst du den Faden durch die Öffnung des Taschenhenkels ziehen und an den Enden verknoten.

3 Lege nun Pappschachteln in den passenden Größen mit Watte oder Seidenpapier aus. Dann lege jede Tasche einzeln in ihre Box. Jetzt können sich deine Lieblingsstücke sehen lassen. Auf der nächsten Seite kannst du einen fertigen Schaukasten bewundern.

Perfekt präsentiert

Wenn jede Tasche in einer eigenen Box zur Schau gestellt wird, wirkt sie doppelt so exquisit.

180€
80€
230€
180,-€

Lesezeichen

Die ausführliche Anleitung fürs Basteln findest du auf Seite 126 und 127. Bunte Bänder peppen das Lesezeichen zusätzlich noch etwas auf.

Abwechslung, bitte!

Tipp: Wenn du größere Taschen oder auch Fische oder Schiffe und was dir einfällt auf Papier zeichnest und bunt bemalst, lassen sich daraus wundervolle Dekorationen fürs Zimmer oder auch für einen Geburtstag oder ein anderes Fest basteln.

Wähle auch mal eine andere Form als das gewohnte Rechteck.

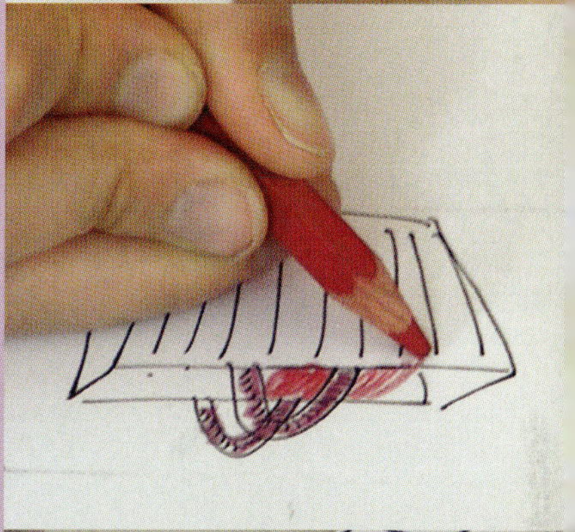

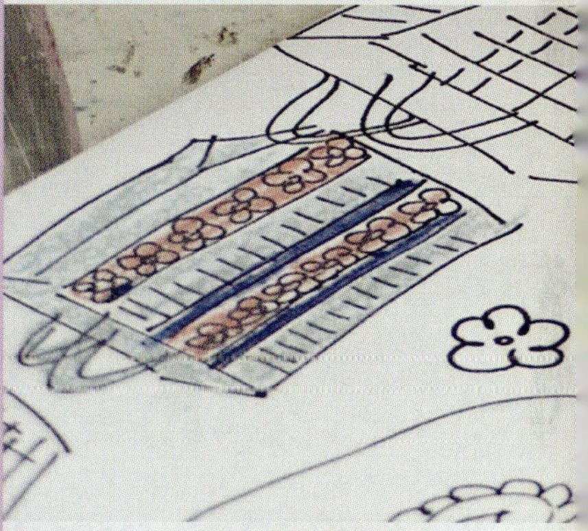

Fische

Von wegen kleine Fische: Mit den leuchtenden Aquarellfarben kommt der bunte Schwarm ganz groß raus. Also auf in die geheimnisvolle Unterwasserwelt!

Darf's ein bisschen Meer sein?

Faszinierende Unterwasserwelt – diese Fische auszumalen, macht Lust auf Meer! Dabei sieht es besonders spannend aus, wenn du den Fischen ganz verschiedene Formen gibst und sie mit Streifen, Kringeln oder Schuppen verzierst. Auf den nächsten Seiten findest du einige außergewöhnliche Beispiele. Hinterher kannst du einen ganzen Schwarm als Bild rahmen und aufhängen. Oder du bastelst ein Mini-Aquarium, ein witziges Lesezeichen in Fischform oder eine dekorative Messlatte.

Jeder Fisch sieht ein bisschen anders aus. Nimm starke Farben für deine Meeresbewohner und gestalte sie mit vielen verschiedenen Mustern. Kennst du Tropenfische? Sie schillern in herrlichen Farben und sind spannende Vorlagen. Nicht die Blubberblasen vergessen!

Mini-Aquarium

Für das Aquarium brauchst du zusätzlich eine Schere, ein großes Einmachglas, Nähzeug, Holzspieße und Dekomaterial für den Glasboden.

1 Schneide deine schönsten Fische aus – das gelingt am besten mit einer Nagelschere.

2 Mit Nähnadel und Faden oben in der Mitte durch jeden Fisch piksen. Nun den Faden an den beiden Enden zusammenknoten. Achtung: Der Fisch am Faden darf nicht länger sein als das Einmachglas hoch ist.

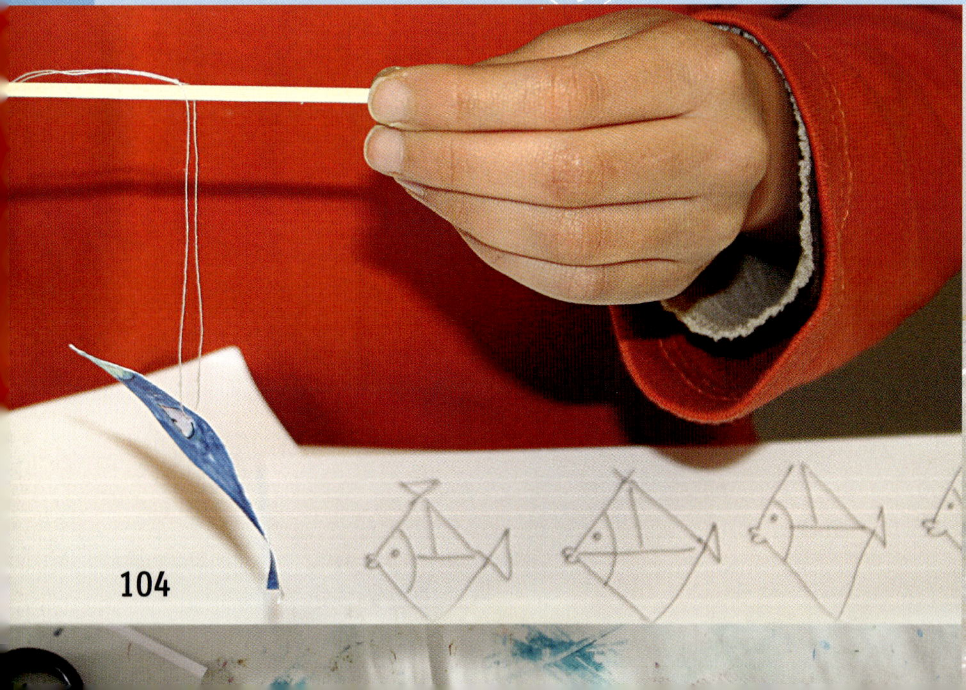

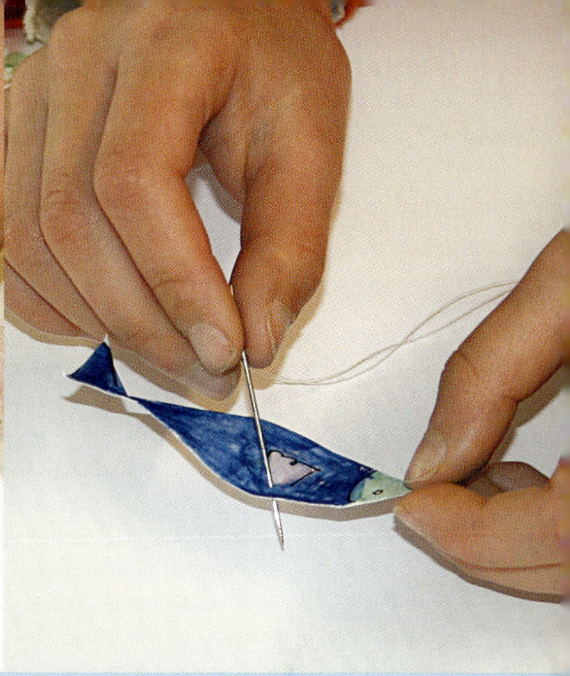

3 Dann die Fische auf Holzspieße auffädeln und ins Einmachglas hängen.

Tipp: Mit ein paar bunten Steinen, Sand und Muscheln am Boden wird das Aquarium noch lebendiger.

Fischers Fritz fischt frische Fische. Frische

Einfach bezaubernd: eine schillernde Unterwasserwelt

Wie kostbare Edelsteine blitzen die Fische im Aquarium. Wenn du sie zusätzlich mit silberner Aquarellfarbe übermalst, funkeln sie noch mehr. Das lockt auch neugierige Kraken an, die sich in das bunte Getümmel mischen.

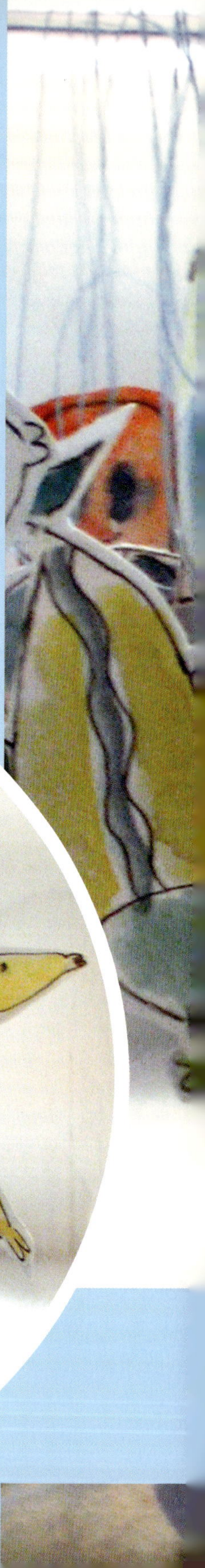

Haustiere gefällig?

Garantiert pflegeleicht: Wusstest du schon, dass Fische ein richtiges Glückssymbol sind? Auch ein Aquarium aus Papierfischen zieht gute Geister an – und macht gar keine Arbeit.

In Form gebracht

Besonders große Fische verwandeln sich in auffallend schöne Lesezeichen.

170
165
160
155
150
145
140
135
130
125
120
115
110
105
100
95
90
85
80
75

Nils 1.3.0
140
NICOLE
16.9.07
135
CAROLINE
130
Nadine
13.1.0
125
Christiane
12.12.0

Messlatte fürs Kinderzimmer

Für kleine Fisch-Fans genau das Richtige: Die bunte Messlatte für die Kinderzimmerwand ist leicht nachzumachen. Schneide dazu zuerst das Papier auf die gewünschte Länge und Breite. Wer möchte, kann das Papier auch auf einen stabilen Karton kleben. Nun die Striche für die Maßeinteilung einzeichnen. Dann die Fische aufmalen oder ausgeschnittene Fische draufkleben, fertig!

373
FIT FOR SCHOOL
AND HOBBY
da vinci
10

Bademoden

Der Sommer kommt! Ob modisch ausgefranst, mit romantischen Rüschen oder im sportlichen Streifen-Mix: Kreiere deine eigene Bademoden-Kollektion mit raffinierten Bikinis, Tankinis und Badeanzügen. Und vergiss die Badehose nicht ...

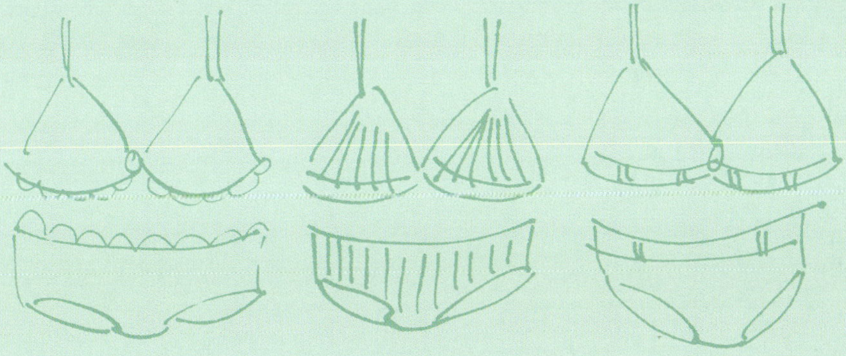

Itsy Bitsy Teenie Weenie Honolulu-Strand-Bikini

Die Badesaison beginnt

Sich luftige und praktische Badekleidung für Mädchen und Jungs ausdenken – wem würde das nicht Spaß machen? Dabei entstehen die schicksten Modelle, wenn du jedes mit sommerlichen Details, kleinen Kreisen, Krönchen oder Herzen verzierst. Einige Ideen für deine eigene Bademoden-Kollektion findest du auf der nächsten Seite. Hinterher kannst du das Bild in einem schönen Rahmen präsentieren und aufhängen. Oder du bastelst damit eine ausgefallene Pinnwand oder ein Lesezeichen, das Lust auf den Sommer macht.

AiR

LIMONO

Hier sind wieder deine Ideen gefragt! Jedes Modell ist ein bisschen anders und einfach einzigartig. Damit dir genug einfällt, denke vielleicht einfach an den letzten Sommer, einen schönen Badeurlaub oder an die vielen unterschiedlichen Badeanzüge im Schwimmbad.

G
LIMONE
77
66
GIRLi

Schritt für Schritt

Bademoden-Galerie

Gib deinen Kunstwerken den passenden Rahmen. Dafür brauchst du eine Schere, einen Bilderrahmen mit Passepartout und Klebefilm.

1 Nimm das Passepartout aus dem Bilderrahmen, lege es auf das Zeichenpapier und markiere so die Größe des Bildausschnitts.

2 Fertige nun ein entsprechend großes Bademoden-Bild an. Es sollte dabei etwas größer sein als der Bildausschnitt. Dieses schneidest du dann aus.

3 Nun das fertige Bild auf der Rückseite des Passepartouts mit Klebefilmstreifen befestigen, in den Rahmen legen, die Rückwand des Rahmens wieder fixieren – fertig!

Tipp: Jedes Bild ist für sich allein schon schön, aber mit einer Serie von Bildern wird deine Wand zum absoluten Blickfang – wie auf der nächsten Seite.

Stück für Stück fantastisch: Wandbilder für kleine Badenixen

LIMONE

Diese fröhliche Variante der herkömmlichen Pinnwand ist im

Pinnwand entwerfen

1 Zuerst streichst du Strukturpaste auf einen Keilrahmen und ritzt einige Wellen mit einem Holzspieß ein.

2 Nach dem Trocknen malst du das Bild mit blauer Farbe an und streichst noch etwas Deckweiß über die Wellen, damit sie lebendiger wirken.

Nu gemacht und bringt sommerliche Stimmung ins Haus.

3 Dann befestigst du ein Stück Wäscheleine am Bild und hängst deine ausgeschnittene Bademode mit kleinen Deko-Wäscheklammern daran auf. Klebe nun große Wäscheklammern am unteren Bildrand mit einem starken Kleber fest.

Schon hast du einen besonderen Platz für Postkarten, Fotos oder Notizen.

Schritt für Schritt

Lesezeichen basteln

Für ein Leszeichen brauchst du eine Schere und eventuell eine Papierschneidemaschine, ein Laminiergerät mit A4-Folien, einen Locher und Dekobändchen oder Kordeln.

1 Male die Motive so groß auf das Zeichenpapier auf, dass sie in das gewünschte Lesezeichen-Format passen.

2 Dann schneidest du das fertige Bild mit der Schneidemaschine oder einer Schere in Streifen und legst sie mit ausreichendem Abstand zueinander zwischen zwei Blätter Laminierfolie. Streiche mit der Hand vorsichtig alle Luftblasen heraus.

3 Schiebe nun die Folien in das vorgeheizte Laminiergerät. Wenn du kein solches Gerät zu Hause hast, kannst du diese Arbeit auch im Copyshop machen lassen.

4 Schneide jetzt die Lesezeichen mit der Schere aus. Achte unbedingt darauf, rundherum einen Rand von 5 Millimetern stehen zu lassen und die Ecken abzurunden, damit sich keiner an ihnen verletzt.

5 Stanze schließlich mit dem Locher ein Loch ins Lesezeichen und fädle ein passendes Stoffband oder eine bunte Kordel hindurch, zuknoten, fertig! Auf der nächsten Seite kannst du ein paar schöne Ergebnisse bewundern.

Diese bunten Lesezeichen sind ein tolles Geschenk für Freunde.

Für mehr als einen
Sommer:
Modische Lesezeichen

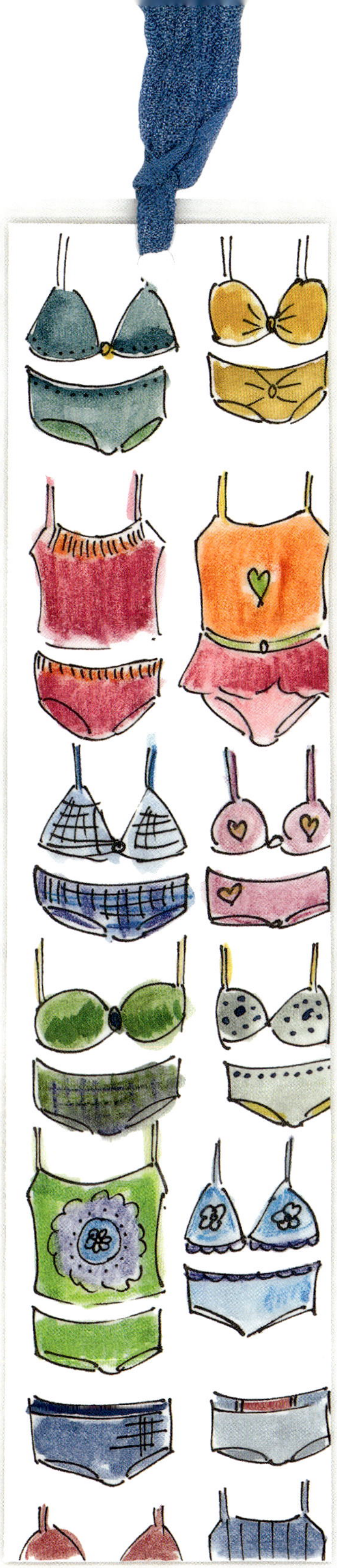

Schreibe doch ein paar nette Zeilen auf die Rückseite –

deine Freundinnen werden sich freuen.

Schiffe

Leinen los! Segelboote, Ozeandampfer und Leuchttürme verbreiten eine tolle Urlaubsstimmung – das ganze Jahr hindurch. In dieser maritimen Welt fühlen sich kleine Piraten, Meerjungfrauen und Kapitäne einfach pudelwohl. Hier können sie eintauchen in das Meer der sommerlichen Farben.

Ahoi SEEMANN
Schiff ahoi, Käpt'n!
Schiff ahoi, Käpt'n! Schiff ahoi, Käpt'n! Schiff ahoi, Käpt'n! Schiff ahoi, Käpt'n! Schiff ahoi, Käpt'n! Schiff ahoi, Käpt'n! Schiff ahoi, Käpt'n!

Ideen aus der Schiffswerft

Schiffe und überhaupt alle Wasserfahrzeuge sind immer ein Hingucker – auf einem Bild an der Wand ebenso wie auf Tischsets. Die eindrucksvollsten Schiffe entstehen, wenn du jedes mit vielen Details ausstattest wie mit einer Nummer, großen bunten Segeln, dicken Schornsteinen, Wimpeln, Flaggen, einem Namen... Auf der nächsten Seite findest du einige Ideen, bei denen nicht nur alten Seebären das Herz höher schlägt.

2201
1ZOE

TANKER
332
DET
BENO

Besonders lebendig wird das Bild, wenn du verschiedene Schiffstypen malst wie Segelschiffe, kleine Jollen, schwere Ozeanriesen, Tanker, Katamarane, Ruderboote und, und, und. Denke auch an die vielen anderen Dinge, die zur Seefahrt gehören, wie Rettungsringe, Leuchttürme, Anker, Buddelschiffe, Flaggen und Wimpel.

5321
521
36
33
AIDA

Gute-Laune-Tischsets

Praktisch und dekorativ zugleich: Mit diesen bunten Tischsets macht kleinen Kapitänen das Essen doppelt Spaß. Und das Tolle ist, sie lassen sich auch ganz leicht abwaschen!

1 Schneide zuerst weißes Papier (ca. 160 g/m²) im Format 40 x 30 cm zu.

2 Zeichne auf dem Blatt einen Rahmen ein, den du z. B. mit gemusterten Fähnchen oder Wellen verzierst. In die Mitte skizzierst du dann maritime Motive wie Schiffe, Leuchttürme, Anker, Rettungsreifen und

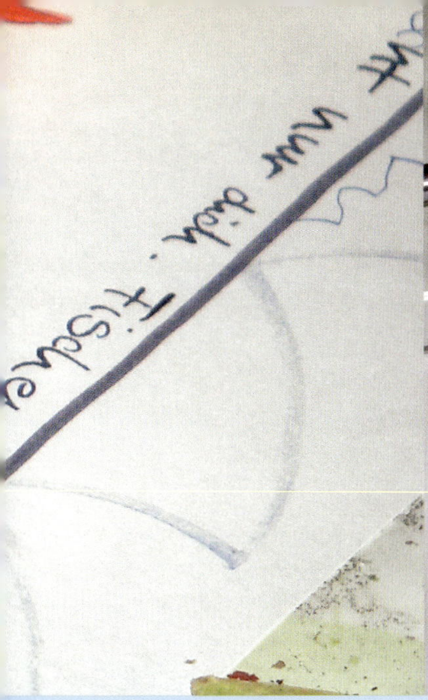

Fische vor. Ein paar Wellen geben dem Bild zusätzlich Schwung.

3 Anschließend malst du die Motive farbig aus. Wenn du möchtest, kannst du z. B. noch einen passenden Spruch um das Bild herum schreiben.

4 Schließlich das fertige Bild mit einer A3-Folie laminieren, das lässt du am besten im Copy-Shop machen. Jetzt ist das Tischset auch garantiert wasserfest. Auf den nächsten Seiten findest du dazu ein paar schöne Beispiele.

Fertig: Meer auf dem Tisch

Mit diesen Tisch-Sets fühlt man sich wie im schönsten Urlaub am Meer.

Fischers Fritz fischt frische Fische, frische Fische fischt Fischers Fritz. Ich hab gefischt ich hab gefischt und keinen Fisch erwischt, nur dich. Starke Seemänner gesucht ! Ahoj
ODET
5743
1247

AIDEZ LES
SAUVETEURS
Ste Nle DE
SAUVETAGE EN MER

53

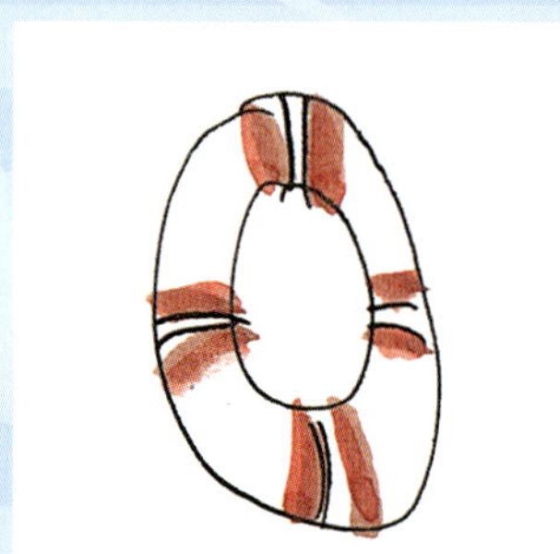

Starke Wandbilder für Seemänner & Matrosen

DANKE! Ich möchte mich bei einigen Personen bedanken, die mich in der Zeit, in der ich an diesem Buch gearbeitet habe, unterstützt haben.
Zuerst möchte ich mich bei meinen zwei Malmäusen bedanken, die mich auf die Idee zu diesem Buch gebracht haben sowie meinem Mann, der mir immer mit Rat und Tat beiseite stand und der auch viele wunderschöne Fotos dazu beigetragen hat.
Weiterhin möchte ich mich bei Christine Euchner bedanken, die mir ihre Räumlichkeiten zur Verfügung gestellt hat, ohne die mein Buch nicht dieses Flair an Bildern hätte. Danke Claudia Merz, dass du so stimmungsvolle Fotos gemacht hast. Liebe Anita Henkel, danke, dass du mir meine Texte überarbeitet hast. Danke Mia, Anna, Amélie, Luise, Viktoria, Valentina, Nicole, Moritz, Paul und Nadine für eure Geduld beim Fotografieren.
Nicht zuletzt geht mein Dank an den frechverlag, der es mir ermöglicht hat, meine Ideen in diesem Buch zu veröffentlichen.

PRODUKTMANAGEMENT: Nicole Wehner
LEKTORAT: Verena Zemme
LAYOUT: Sandra Zeh und Petra Theilfarth
FOTOS: frechverlag GmbH, 70499 Stuttgart; lichtpunkt, Michael Ruder, Stuttgart (Materialfotos: S. 6 Bleistift, Schere, S. 7 Aquarellstifte); www.fotolia.de, st-fotograf (Coverfoto); Sandra & Martin Zeh, Claudia Merz (restliche Fotos)
DRUCK UND BINDUNG: Grafisches Centrum Cuno GmbH & Co. KG, 39240 Calbe

Auflage: 6. 5. 4. 3. 2.
Jahr: 2014 2013 2012 2011 2010 [Letzte Zahlen maßgebend]